T0136604

TIME
FOR KIDS

Chicas y chicos malos
del MUNDO ANTIGUO

Dona Herweck Rice

Consultores

Dr. Timothy Rasinski
Kent State University

Lori Oczkus
Consultora de alfabetización

Dr. Marcus McArthur
Departamento de Historia
Universidad de Saint Louis

Basado en textos extraídos *de TIME For Kids. TIME For Kids* y el logotipo de *TIME For Kids* son marcas registradas de TIME Inc. Utilizados bajo licencia.

Créditos de publicación

Dona Herweck Rice, *Jefa de redacción*
Conni Medina, *Directora editorial*
Lee Aucoin, *Directora creativa*
Jamey Acosta, *Editora principal*
Lexa Hoang, *Diseñadora*
Stephanie Reid, *Editora de fotografía*
Rachelle Cracchiolo, *M.S.Ed.*,
    Editora comercial

Créditos de imágenes: tapa, págs. 1, 10–11, 16–19, 25, 27 (abajo), 28–29, 33 (arriba), 35 (arriba), 36–39, 48–49, 50, 52–53 (arriba), 56–57: The Bridgeman Art Library; pág. 32: Classic Vision/age fotostock; pág. 8 (arriba): ClipArt. com; pág. 51 (arriba a la derecha): Getty Images; pág. 54 (vía para caballos): iStockphoto; págs. 8 (abajo), 9 (arriba), 14: Library of Congress; pág. 21 (abajo): Album/Oronoz/Newscom; pág. 45: ChinFotoPress/Newscom; pág. 46: picture alliance/ANN/Newsom; pág. 39 (de fondo): Rod Hoad/Flickr; págs. 20–21 (arriba), 22–23: The Granger Collection; pág. 35: Jean-Léon Gérôme [dominio público], vía Wikimedia (CC BY-SA) pág. 34: John William Waterhouse (1878) [dominio público]; pág. 33 (abajo): cjh1452000/ Wikimedia (CC-BY-SA); págs. 19 (arriba), 27 (arriba), 47: Wikimedia [dominio público]; págs. 42, 44 (lustraciones): Timothy J. Bradley; todas las demás imágenes de Shutterstock.

Teacher Created Materials

5301 Oceanus Drive
Huntington Beach, CA 92649-1030
http://www.tcmpub.com

ISBN 978-1-4333-7137-0
© 2013 Teacher Created Materials, Inc.

Tabla de contenido

Malo

¿Qué tan malo es malo? A lo que alguien llama "malo" otro puede llamarlo "bueno" o viceversa. ¿Pero **saquear**, **sabotear** y cometer masacres solo por poder? Todos pueden estar de acuerdo en que eso es malo. Y eso es lo que las chicas y chicos malos del mundo antiguo tienen en común. Ellos querían poder y nada se interpondría en su camino.

¿Qué es malo?

El diccionario define *malo* como "malvado, perverso y despreciable". ¿Describe eso a todas las personas que aparecen en este libro? Continúa leyendo y decídelo tú mismo.

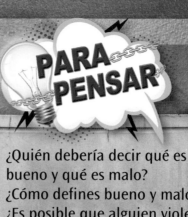

PARA PENSAR

- ◆ ¿Quién debería decir qué es bueno y qué es malo?
- ◆ ¿Cómo defines bueno y malo?
- ◆ ¿Es posible que alguien viole la ley pero tenga una razón que lo justifique?

5

Historia antigua

La historia antigua marca el período desde el comienzo de los tiempos hasta la caída del Imperio romano de Occidente en el 476 d. C. Durante aquella época, el liderazgo **iba y venía**. Un grupo o persona le quitaba el poder a otro grupo o a otra persona hasta que otro se lo arrebataba a ellos. Y así sucesivamente. Los vencedores son recordados por la historia. Y las hazañas de algunos de los vencedores más despreciables son las más recordadas.

Bruto
85 a. C.–42 a. C.

Antonio
83 a. C.-30 a. C.

Calígula
12 d. C.–41 d. C.

Nerón
37 d. C.–68 d. C.

Juntos, estos líderes
gobernaron alrededor de
¡9,000 millas de tierra!

Cleopatra
69 a. C.-30 a. C.

Locusta
1? d. C.–69 d. C.

Cao Cao
155 d. C.–220 d. C.

Atila el Huno
406 d. C.–453 d. C.

EL MUNDO ANTIGUO

A lo largo de la historia de la humanidad, el tamaño de los continentes y de las vías fluviales han permanecido sin cambios. Pero la gente en un área del mundo sabe poco acerca de la gente de otros lugares, incluso no saben que existen "otros lugares". Para la mayoría de la gente, el mundo solo se extendía hasta donde ellos llegaban caminando. Mira cómo los mapas cambiaron a medida que crecía la concepción del mundo de la gente.

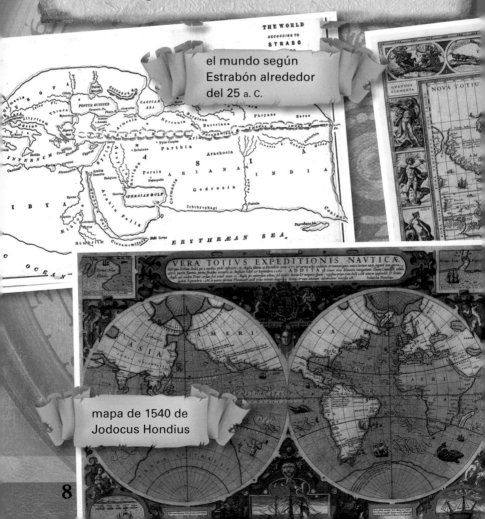

el mundo según Estrabón alrededor del 25 a. C.

mapa de 1540 de Jodocus Hondius

¡ALTO!
PIENSA...

- ¿Por qué crees que estos mapas son tan distintos unos de otros?

- ¿Con qué lugares estuvo acertada la gente en la antigüedad? ¿Con cuáles se habían equivocado?

- ¿Quedan aún lugares en los que sea difícil para sus habitantes conocer sobre el resto del mundo?

mapa del 1606 por Willem Janszoon Blaeu

mapa del 1668 por Frederick de Wit

9

¿Cómo sabemos?

¿Cómo podemos estar seguros de la veracidad de las historias antiguas? En esa época no había periódicos. No había cámaras para captar acontecimientos en tiempo real. Pero la gente recordaba las historias que le importaban, y le contaba esas historias a otros. A su vez, esos otros contaban esas historias. A veces, hacían canciones con esas historias. Y tan pronto como pudieron, las escribieron.

¡Ay!

A veces hasta los periódicos modernos se equivocan con los hechos. Aquí encontrarán algunos errores REALMENTE grandes.

"Los pasajeros fueron rescatados de manera segura y el barco de vapor Titanic fue remolcado"
15 de abril de 1912, Christian Science Monitor

"Dewey vence a Truman"
3 de noviembre de 1948, Chicago Tribune

"Batalla aérea ruge sobre Los Angeles"
25 de febrero de 1942, Los Angeles Examiner

Pero quizá, como en el juego del teléfono descompuesto, las historias fueron pasando de una persona a la otra hasta que se convirtieron en algo muy diferente a lo que eran. ¿Podemos estar seguros de que las historias antiguas realmente sucedieron tal como las hemos escuchado? Tal vez no. Sin embargo, los historiadores buscaron pruebas y están bastante seguros de que estas historias sucedieron. Y si no fuese así, ¡ellos crean buenas historias!

El famoso contador de historias, Homero, le canta a la multitud.

EL CÓDIGO DE HAMMURABI

Las chicas y los chicos malos han existido desde antes de las leyes. El gobernante de Babilonia, Hammurabi, escribió una de las primeras leyes en 1772 a. C. Se llamó el Código de Hammurabi y consistía en 282 leyes y castigos. Los castigos diferían dependiendo de la posición social de la persona. Los castigos más duros eran para los esclavos, la clase social más baja en aquella época.

¿Robaste del mercado?

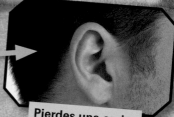

Pierdes una oreja.

¿Golpeaste a tus padres?

Dile adiós a tus manos. Están a punto de ser cortadas.

¿Acusaste a alguien por un crimen que no cometió?

El castigo es la muerte.

¿Robaste de una casa en llamas?

Deberás ser quemado vivo.

¿Bebiste demasiado alcohol?

Momento de ahogarse.

El Código de Hammurabi tallado en piedra

Bruto
Con amigos como estos...

Uno de los chicos malos de la historia podría haber sido un chico bueno que fue atrapado en un mal plan, con gente que a la larga se volvió en su contra también. Marco Junio Bruto nació en el vasto y poderoso Imperio romano. Su padre era un rebelde político al que mataron. A Bruto lo adoptó su tío. En ese momento, comenzó su propia carrera política.

Marco Junio Bruto

Cuando adoptaron a Bruto, él cambió su nombre por Quinto Caepio Bruto. Pero, luego, volvió a su nombre original.

El dicho completo dice, "Con amigos como esos, ¿quién necesita enemigos?". ¿Qué crees que significa?

15

Compañeros poderosos

Bruto trabajaba para Catón, el gobernador de Chipre. Catón era un hombre fuerte que era conocido por su **integridad**, y Bruto lo admiraba. Bruto se hizo conocido por ser leal y digno de confianza.

Cuando Julio César, el líder del imperio, se volvió más poderoso, aceptó a Bruto entre sus amigos de confianza. Como líder César tenía mucho poder. Cuando el gobierno declaró a César como un **dictador** perpetuo, muchos funcionarios se inquietaron. Pensaron que César querría deshacerse de ellos. Así que decidieron deshacerse de César primero.

el triunfo de César

Cuidado con los Idus de marzo

El 15 de marzo es conocido como los Idus de marzo. Cuando la gente dice "Cuidado con los Idus de marzo", quieren decir que hay que ser cautelosos con los amigos falsos. Esa línea proviene de una obra de William Shakespeare, *Julio César*, en la que una adivina advierte a César sobre el día en que lo matarán.

Julio César

Traición

Bruto, temeroso del creciente poder de César, se puso del lado de los **traidores**. Ayudó a planear el **asesinato**. El 15 de marzo César fue apuñalado 23 veces por los atacantes, incluso por Bruto. El ataque fue tan violento que los atacantes hasta se apuñalaron entre ellos en medio del frenesí.

A los atacantes no se los acusó por el crimen. Pero esto hizo que el público se enojara. Bruto se ocultó durante dos años. Cuando a él y a los demás se les atribuyó el asesinato, Bruto y su ejército contraatacaron. Fueron vencidos. Sabiendo que lo capturarían, Bruto terminó él mismo con su vida.

Bruto y otros senadores romanos asesinan a César.

18

"¿Et tu, Bruto?"

Se dice que César primero se deshizo de sus atacantes. Pero cuando vio a Bruto entre ellos, dice la leyenda que César dijo: "¿Et tu, Bruto?" (lo que significa, "¿Y tú, Bruto?") y se dio por vencido en el ataque.

Bruto

Vale más que mil palabras

No existen fotografías de la época antigua. Así que no sabemos exactamente qué tan terribles se veían estas chicas y chicos. Las esculturas y las pinturas de artistas que los conocieron o de artistas que escucharon historias acerca de ellos nos ayudan a imaginarnos cómo se veían esas personas.

Antonio y Cleopatra
Hambrientos de poder

Marco Antonio tuvo un padre **perdulario**. De joven fue un jugador y se metió en problemas. Se marchó a Atenas para escapar de sus problemas. Allí se convirtió en un importante soldado y se hizo muy amigo de César.

Ambos, el padre y el abuelo de Antonio, se llamaban Marco Antonio.

el actor Herbert Beerbohm como Marco Antonio en 1907

grabado de la edición del siglo XIX de *Antonio y Cleopatra* de Shakespeare

Antony and Cleopatra.
Act 4. Sc. 10.

Marco Antonio nació el 14 de enero del 83 a. C., y murió el 1 de agosto del 30 a. C.

Una mano amiga

Antonio ayudó a César a liberar Italia de sus enemigos. Sus victorias militares fueron importantes, pero conservó algunas de sus malas costumbres. Cuando mataron a César, las cosas se pusieron feas para Antonio. Pero subió al poder con la ayuda de Octaviano, el sobrino y sucesor legítimo de César.

Antonio se casó con la hermana de Octaviano. Pero más tarde la engañó con Cleopatra. Cleopatra fue la última **faraona** de Egipto. Ella gobernó con su padre, luego con sus dos hermanos y también con su hijo.

Una verdadera líder

Como mujer, Cleopatra no estaba destinada a gobernar. Pero su fuerza e inteligencia hicieron que fuera una líder inolvidable.

Cleopatra nació a fines del 69 a. C., y murió el 12 de agosto del 30 a. C.

Todo es griego

Cleopatra era realmente griega. Era miembro de la Dinastía Ptolemaica, una familia griega que una vez gobernó Egipto. La familia solo hablaba griego, a pesar de que Cleopatra hablaba griego y egipcio, así que el griego era el idioma utilizado en los documentos oficiales de la corte.

23

Estrellas fugaces

Egipto estaba en problemas. Sus ciudades estaban cayendo en manos de Roma. Cleopatra hizo todo lo que pudo para proteger a su país. Primero, tuvo una relación con César para fortalecer su poder. Tuvieron un hijo a quien ella entrenó para que gobernar a su lado. Cuando mataron a César, ella comenzó una relación con Antonio. Él era una estrella en alza. Antonio se divorció de su esposa. Él y Cleopatra tuvieron tres hijos. Ellos querían gobernar juntos y estuvieron a punto de lograrlo. Pero Octaviano le declaró la guerra a Antonio. Antonio se suicidó cuando vio que ya no había solución. Cleopatra hizo lo mismo, con una mordedura de un **áspid** venenoso.

Marco Antonio, Cleopatra y Julio César

¿Por amor o por poder?

Algunos dicen que Cleopatra nunca amó de verdad a estos hombres. Algunos piensan que solo los utilizó para tener más poder. Otros dicen que ella estaba haciendo lo mejor para su país. O, tal vez, ella amó verdaderamente a César y a Antonio. La verdad puede quedar perdida en la historia.

un áspid venenoso

Calígula
El chico bueno que se volvió malo

Con solo 25 años de edad, Calígula, el niño de oro del Imperio romano, se convirtió en su **emperador**. Era hijo de un general muy querido. Calígula era el sobrenombre que le habían puesto las tropas de su padre. El nombre significa "pequeña bota de soldado".

Cuando Calígula tenía siete años, su padre murió. Más tarde, el abuelo de Calígula, el emperador, murió. Eso hizo que Calígula quedara como el único hombre vivo de su familia. Eso quiere decir que cuando el emperador murió, Calígula lo **sucedió**.

La historia recuerda a Calígula como un buen líder durante los primeros dos años de los cuatro que duró su **reinado**. Era un hombre noble y justo. Ayudó a la gente en épocas duras e hizo públicos los registros del gobierno. Pero luego prevaleció la necesidad de poder. Calígula utilizó el poder para su propio placer. Había hecho construir casas **fastuosas** para él. Se hizo conocido por el exceso y la crueldad. Incluso hizo que algunos de los miembros de su familia fueran **exiliados** o asesinados. Se dice que forzó a un hombre a que se suicidara.

Emperador Tiberio

Calígula nació el 31 de agosto del 12 d. C. y fue asesinado el 24 de enero del 41 d. C.

Claudio, tío de Calígula

Muchos historiadores y escritores de la época decían que Calígula estaba loco.

Calígula y sus asistentes reciben visitas extranjeras.

27

Imparable

Calígula utilizó el dinero público para realizar muchos proyectos de construcción. Algunos ayudaron a la gente, como los **acueductos**. Pero mucho otros fueron para él. Su **ego** crecía. Decía que era un dios y hacía que los demás lo veneraran. Sus gastos ocasionaron una crisis financiera.

El **senado** quería deshacerse de Calígula y restablecer la **república**. Enviaron a matar a Calígula. El 24 de enero del 41 d. C., al menos 30 atacantes apuñalaron a Calígula hasta que lo mataron. También mataron a algunos miembros de su familia. Pero su tío Claudio escapó y se convirtió en emperador. El imperio continuó después de todo.

Claudio escondido detrás de una cortina luego del asesinato de Calígula

El cabello de Calígula era fino y en la parte superior de la cabeza no tenía cabello, pero sí tenía mucho vello en el cuerpo. Eso lo hacía verse como una cabra, pero si alguien mencionaba a las cabras en su presencia podía encontrar la muerte.

Líder cruel

Se dice que durante un evento público donde se debía juzgar a los criminales y arrojarlos a las bestias para que los mataran, no había criminales disponibles. Así que Calígula eligió una parte del público al azar e hizo que los arrojaran a las bestias, solo para divertirse.

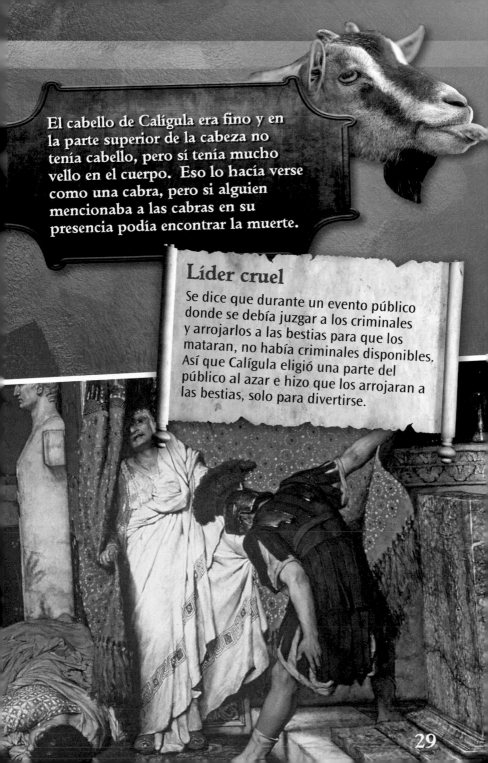

¡MÁS EN PROFUNDIDAD!

GLADIADORES

Los líderes de la antigüedad no eran los únicos con una **ética** débil. La gente común también disfrutaba el poder y las formas crueles de entretenimiento. Los gladiadores eran esclavos y criminales a quienes se les había dado otra oportunidad para ser libres. Pero pagaban un precio alto por eso. Los entrenaban para luchar en las competencias deportivas de la Roma antigua. Solo los más fuertes sobrevivían.

Los pulgares hacia abajo significaban que la multitud quería que el gladiador muriera.

El sonido de la trompeta anunciaba que se daba inicio al juego.

Los gladiadores luchaban entre sí y con animales, como leones, cocodrilos y panteras.

Los juegos fueron prohibidos en el 325 d. C.

La multitud podía agitar sus pañuelos para mostrar que querían que la pelea fuese más fácil para el gladiador.

El ganador arrojaba su casco para que los espectadores pudieran ver su rostro.

Nerón
Miedo y fuego

Nerón nació en el seno de una familia real. Su tío abuelo Claudio lo adoptó para que algún día pudiera ser emperador de Roma. Cuando Claudio murió, eso fue lo que sucedió. Nerón gobernó durante 14 años. Pero cuando su reinado terminó, también terminó el reinado de su familia.

Al igual que Calígula, Nerón hizo muchas cosas por el bienestar del pueblo. Nerón mejoró la cultura de Roma. Organizó eventos deportivos. Construyó teatros. También mejoró el comercio. Pero al mismo tiempo, Nerón gastó mucho dinero de Roma para sí mismo. Construyó propiedades y vivió de la mejor manera posible. Un enorme incendio se desató en toda Roma. Destruyó la mayor parte de la ciudad, incluso muchas casas lujosas ubicadas sobre una colina. Dicen que "Nerón **tocaba la lira** mientras Roma se quemaba". Muchos piensan que fue Nerón quien desató el incendio. Luego utilizó la tierra de la colina para construir su propiedad soñada.

La propiedad de Nerón era conocida como Domus Aurea o La casa dorada.

Nerón observa a la distancia cómo arde Roma.

Nerón nació el 15 de diciembre del 37 d. C., y murió el 9 de junio del 68 d. C., a los 30 años de edad. Nerón fue emperador en el 54 d. C.

Un alto precio

Para poder pagar todo, Nerón cobraba impuestos muy altos. La gente se rebeló. Los líderes querían sacarle poder a Nerón. En un plan organizado los amigos y los guardias de Nerón lo abandonaron y lo nombraron enemigo público. Nerón trató de suicidarse. Como no pudo hacerlo, buscó ayuda. Finalmente, encontró a un sirviente para que lo matara y a otros para que cavaran su tumba. Nerón fue apuñalado y murió desangrado.

No está claro si Nerón sintió algún tipo de remordimiento por sus terribles actos.

Perseguidor

Los comienzos de la fe cristiana estuvieron signados por la **persecución**. Nerón fue uno de los primeros perseguidores. Se dice que capturaba cristianos y los prendía fuego para iluminar sus tierras, de la misma forma en que alguien enciende una lámpara.

¡Ay, Mamá!

¿Qué tan malo es malo? Nerón ejecutó a su propia madre. Probablemente también envenenó a su hermanastro. Algo que resulta interesante es que su madre probablemente estuvo detrás de la muerte del tío de Nerón para asegurarle el poder a su hijo.

Agripina la Menor, madre de Nerón

Leones y tigres son dejados en libertad para que ataquen a cristianos.

Locusta
Hiedra venenosa

Locusta era muy buena en su trabajo. ¿Qué hacía? Envenenaba gente. Locusta sabía mucho acerca de plantas. Sabía cuáles curaban y cuáles hacían daño. En especial sabía cuáles podían matar.

Locusta envenenando a un esclavo

Locusta nació en algún momento del siglo I y murió en enero del 69 d. C.

La cicuta y la belladona eran dos de las plantas venenosas más utilizadas en los tiempos de Locusta.

Degustador de alimentos

En esa época, era común para la gente de poder tener sirvientes que fueran degustadores de alimentos. Estos degustadores probaban los alimentos y el vino antes de que el gobernante lo hiciera. Si el degustador se enfermaba o moría, el gobernador no comería ni bebería nada. Claramente, ¡el plan no funcionaba bien para todos!

La muerte se convierte en ella

Cuando Agripina quiso matar a su esposo, Claudio, para que su hijo Nerón pudiera ser emperador, ella recurrió a Locusta. Locusta utilizó hongos venenosos. Ellos fueron la última comida de Claudio. Locusta fue sentenciada a muerte. Pero Nerón intervino. Tener a Locusta de su lado podía ser útil. Si él se deshacía de su hermanastro (y primo) Británico, Nerón podría gobernar. Y ese fue el final de Británico.

Nerón le pagó muy bien a Locusta. Ella vivió una gran vida. También otros utilizaron sus servicios. La gente sabía lo que ella hacía y Locusta fue arrestada varias veces. Pero siempre era liberada. Sin embargo, el final del reinado de Nerón también significó el final de Locusta. Unos meses después de que él se suicidara, ella fue sentenciada a muerte. En ese momento, no había nadie que pudiera salvarla.

Una mentira envenenada

Locusta envenenó a Británico en una cena. Cuando le dio un ataque, Nerón les recordó a todos que Británico tenía **epilepsia**. Nadie cuestionó que fue eso lo que sucedió. Británico murió horas más tarde después de la fiesta.

Nerón mirando la muerte de Británico

TODO EN FAMILIA

En la Antigüedad el poder parecía quedarse en la familia. Los líderes siempre estaban relacionados unos con otros. Incluso aquellos que no lo estaban, en algún momento habían tenido lazos de sangre en común.

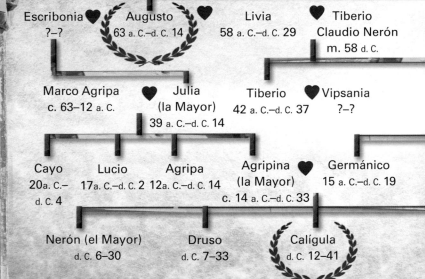

Cayo Octavio ♥ Atia
m. 59 a. C. (sobrina de Julio César)
m. 43 a. C.

Escribonia ♥ Augusto ♥ Livia ♥ Tiberio
?–? 63 a. C.–d. C. 14 58 a. C.–d. C. 29 Claudio Nerón
m. 58 d. C.

Marco Agripa ♥ Julia Tiberio ♥ Vipsania
c. 63–12 a. C. (la Mayor) 42 a. C.–d. C. 37 ?–?
39 a. C.–d. C. 14

Cayo Lucio Agripa Agripina ♥ Germánico
20 a. C.– 17 a. C.–d. C. 2 12 a. C.–d. C. 14 (la Mayor) 15 a. C.–d. C. 19
d. C. 4 c. 14 a. C.–d. C. 33

Nerón (el Mayor) Druso Calígula
d. C. 6–30 d. C. 7–33 d. C. 12–41

Nerón fue el último emperador de la Dinastía Julio-Claudia.

40

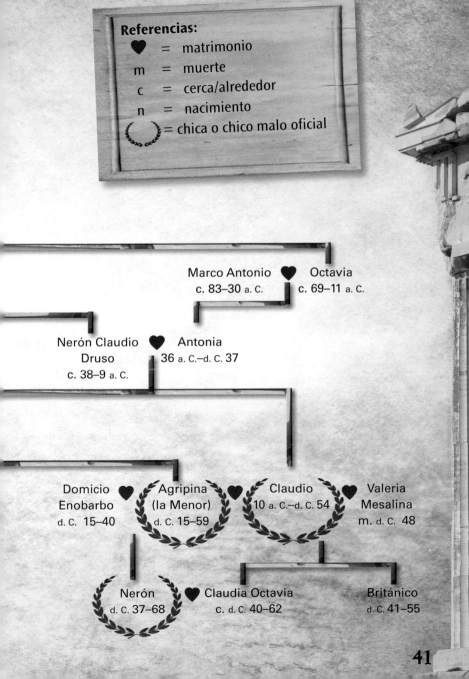

Referencias:
♥ = matrimonio
m = muerte
c = cerca/alrededor
n = nacimiento
◯ = chica o chico malo oficial

Marco Antonio ♥ Octavia
c. 83–30 a. C.   c. 69–11 a. C.

Nerón Claudio ♥ Antonia
Druso   36 a. C.–d. C. 37
c. 38–9 a. C.

Domicio ♥ Agripina ♥ Claudio ♥ Valeria
Enobarbo   (la Menor)   10 a. C.–d. C. 54   Mesalina
d. C. 15–40   d. C. 15–59   m. d. C. 48

Nerón ♥ Claudia Octavia   Británico
d. C. 37–68   c. d. C. 40–62   d. C. 41–55

41

Cao Cao
Hablando del rey de Roma

"Hablando del rey de Roma". Se utiliza este dicho cuando alguien llega justo cuando otra persona está hablando de él o de ella. En China, hay un dicho similar: "Hablando de Cao Cao, Cao Cao aparecerá". Eso significa que si hablas sobre el diablo, este aparecerá.

Cao Cao fue uno de los generales más poderosos de la historia china. Fue un **caudillo** y creó su propio estado en el norte de China.

Cao Cao nació en el 155 d. C. en Luoyang, China, y murió el 15 de marzo del 220

Sabias palabras

Durante la juventud de Cao Cao, se dice que un sabio de la época predijo que Cao Cao sería un ministro capaz en épocas de paz y un héroe inescrupuloso en épocas de caos.

¡Cao Cao tuvo 25 hijos! Probablemente tuvo un par de docenas de hijas también. Pero no eran consideradas lo suficientemente importantes como para ser contadas oficialmente.

Con mentalidad para lo militar

Hay diferentes historias del gobierno de Cao Cao. Se lo recuerda como alguien cruel y sin piedad. Pero los historiadores ahora piensan que fue realmente un gran líder militar. Y, tal vez, él era como aquellos a los que gobernaba. De cualquier forma, el poder de Cao Cao llegó a través de la victoria en la guerra. Él luchó hasta llegar a la cima.

Cao Cao tenía mucha destreza en las artes marciales.

Salven el trigo

Cao Cao y sus soldados una vez se encontraron con un campo de trigo. Cao Cao declaró que cualquier soldado que pisara el trigo sería decapitado. Pero luego, el propio caballo de Cao Cao se asustó y pisó el trigo. Cao Cao no se iba a decapitar él mismo, así que cambió la orden a cortarse el propio cabello y, luego, procedió a cortarse el suyo.

Después de su muerte, Cao Cao fue nombrado Emperador Wu de Wei.

tumba de Cao Cao en China central

Ir por más

Cao Cao era el hijo del sirviente favorito del emperador. De adolescente a menudo violaba las reglas y utilizaba su ingenio para seguir adelante. A los 20 años consiguió su primer empleo en el gobierno. Mantenía reglas estrictas. Cao Cao **azotaba** a los infractores afuera de su oficina.

Cao Cao comenzó a esforzarse para la guerra y su poder creció. Se cree que una vez tuvo bajo su control a un millón de soldados. Las leyendas chinas dicen que tenía poderes mágicos malignos. También era un buen planificador. Construía granjas para alimentar a la gente. Cao Cao dejó muchos escritos cuando murió, incluso diarios y poesía fabulosos. Se cree que también era un amante del arte.

La tumba de Cao Cao de 1,700 años fue descubierta a fines del 2008.

Apreciación por el arte

Durante su vida Cao Cao hizo construir una gran terraza en la que músicos y bailarines realizaban espectáculos. Más tarde ordenó que su tumba fuera construida mirando hacia la terraza para que sus hijos pudieran ver su tumba y para que su espíritu pudiera mirar los espectáculos desde allí.

máscara de Cao Cao usada en una ópera china

César y Cao Cao murieron en los Idus de marzo.

Atila el Huno
El Azote de Dios

Cuando la gente piensa en los chicos malos de hace mucho tiempo atrás, se le viene una imagen mental. Ven a un hombre musculoso y sucio con un sombrero de piel puntiagudo. Probablemente con un bigote desgreñado y una mirada salvaje. La gente ve a Atila el Huno, uno de los líderes más temidos de la Antigüedad.

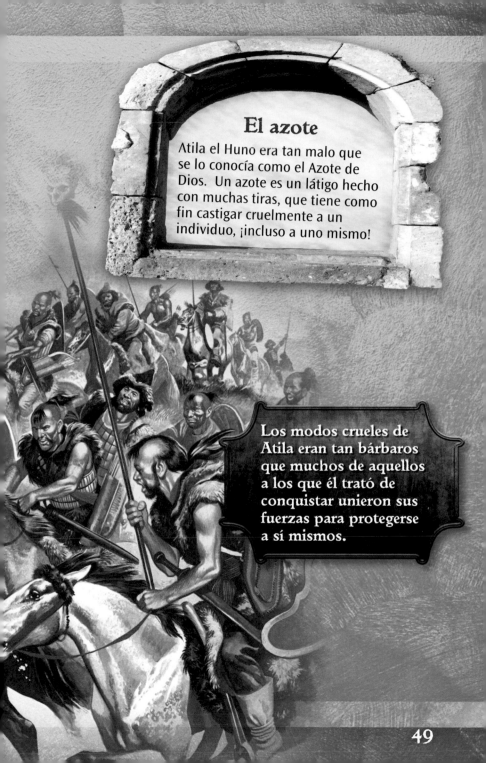

El azote

Atila el Huno era tan malo que se lo conocía como el Azote de Dios. Un azote es un látigo hecho con muchas tiras, que tiene como fin castigar cruelmente a un individuo, ¡incluso a uno mismo!

Los modos crueles de Atila eran tan bárbaros que muchos de aquellos a los que él trató de conquistar unieron sus fuerzas para protegerse a sí mismos.

Un rico aterrador

Atila se convirtió en gobernante de los Hunos en el 434 d. C. Lideró a través del miedo y la crueldad alrededor de 20 años. Los Hunos eran **nómadas**. **Arrasaron** Europa durante 300 años, infundiendo terror.

Cuando Atila llegó al poder dirigió su mirada hacia Europa. En el 441 recorrió Europa Oriental. Luego miró hacia Europa Occidental. Conquistó muchos países, pero no pudo tomar Roma.

Atila recibe regalos de aquellos que le temen.

Atila y su hermano Bleda fueron ambos líderes de los Hunos cuando su tío, el gobernador, murió. Finalmente, Atila mató a su hermano para tener poder **absoluto**.

Grandes extensiones

Los Hunos pueden haber **provenido** de Mongolia, cerca de China. Los chinos empezaron a construir al menos parte de la Gran Muralla para defenderse de los Hunos.

Artistas de la antigüedad mostraron la naturaleza animal de Atila agregándole a sus retratos una barba parecida a la de las cabras y cuernos diabólicos.

capital de Atila

En su apogeo, el imperio de los Hunos cubrió gran parte de lo que hoy es Europa y Asia.

Un final mortal

Los Hunos destruían cada lugar en el que luchaban. Bajo el mando de Atila eran crueles y violentos y no mostraban mucha piedad. Atila tenía mucho éxito en las batallas. Pero aún así, tuvo una muerte terrible. Durante su noche de bodas comenzó a sangrarle la nariz y la sangre le salía a borbotones. Sangró hasta morir, ahogándose en su propia sangre. Algunos creen que pudo haber sido envenenado.

Los hijos de Atila lucharon por el liderazgo luego de su muerte. Pero otras tribus los invadieron y el gobierno violento de los Hunos pronto llegó a su fin.

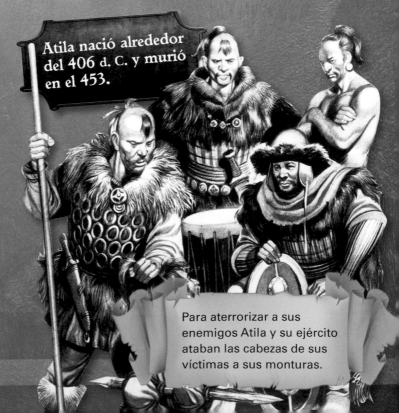

Atila nació alrededor del 406 d. C. y murió en el 453.

Para aterrorizar a sus enemigos Atila y su ejército ataban las cabezas de sus víctimas a sus monturas.

El estribo simple

¿Qué les daba a los Hunos ventaja sobre los demás? Usaban estribos cuando andaban a caballo. El marco de metal de los estribos sujetaba sus pies. Esto aumentaba el efecto de palanca y equilibrio al utilizar armas mientras iban a caballo.

Cuando el ejército de Atila destruyó la ciudad de Padua, Italia, los sobrevivientes huyeron para crear la ciudad de Venecia. Esperaban que los canales los protegieran.

Padua, Italia

LA GRAN MURALLA CHINA

La Gran Muralla China fue construida en el correr de muchos siglos. La hicieron para proteger a la gente de China de sus invasores, incluyendo a los Hunos. Es una estructura enorme que consiste en una serie de paredes macizas y altas y zanjas, que mide alrededor de 5,500 millas de longitud.

vía para caballos

salida de agua

zanja de desagüe

hueco de tiro

mirador

55

¿Malo o bueno?

¿Quién puede decir si la gente que aparece en este libro fue realmente buena o mala? ¿Quién puede decir cómo la gente de hoy será recordada dentro de miles de años? Y, en definitiva, ¿hay alguien que sea del todo bueno o del todo malo?

¿Cómo te recordarán a *ti*?

Traidor: Efialtes

Efialtes era una pesadilla para sus compatriotas de Esparta. Los traicionó con los persas, todo por esperar una gran recompensa. Cuando los persas que atacaban quedaron varados en un pasaje angosto, Efialtes, en secreto, les dio a conocer un camino diferente para llegar a Esparta. Los espartanos fueron rodeados, ¡y destruidos! Pero los espartanos finalmente derribaron a los persas y Efialtes perdió su recompensa. Huyó para protegerse, pero no estuvo a salvo por mucho tiempo. Finalmente, lo atraparon y lo mataron. ¡Parece que obtuvo una justa recompensa al final!

los espartanos peleando
contra los persas

Glosario

absoluto: total, sin compartir con nadie

acueductos: estructuras que llevan agua de un canal cruzando un río o una depresión

arrasaron: destrozaron con comportamiento temerario y ansias de destrucción

asesinato: hecho de matar a un gobernante

áspid: serpiente venenosa

azotaba: golpeaba con un azote

caudillo: líder militar que gobierna una zona a la fuerza

dictador: gobernante con poder absoluto

ego: autoestima

emperador: líder de un imperio, un país o una zona

epilepsia: trastorno que puede llevar a las personas a perder el conocimiento y a realizar movimientos violentos involuntarios con el cuerpo

ética: normas morales

exiliados: expulsados de una zona

faraona: antigua gobernante egipcia

fastuosas: caras

iba y venía: movimiento de una ola; metáfora de la naturaleza cambiante de las cosas

integridad: honradez y honor

nómadas: trotamundos que viven en distintos lugares temporalmente

perdulario: persona perezosa y despreciable que nunca hace nada bien

persecución: trato cruel o violento continuado, a menudo por motivos religiosos o políticos

provenido: que procede o viene de

reinado: periodo en que un líder gobierna

república: gobierno ejercido por personas elegidas por otras para representar los intereses del pueblo

sabotear: destruir o impedir el progreso (un enemigo)

saquear: robar, en particular abiertamente y por fuerza

senado: consejo supremo de la República y el Imperio romanos

sucedió: vino después

tocaba la lira: pasaba el tiempo sin hacer nada

traidores: personas que traicionan a otra o a un país

Índice

Bibliografía

Harvey, Bonnie. *Attila the Hun (Ancient World Leaders).*
Chelsea House Publications, 2003.

Echa un vistazo a la vida de Atila de manera más detallada. Conoce acerca de su niñez, estudia los mapas de los mayores hitos en su vida y conoce las batalla que lo hicieron tristemente célebre.

Saunders, Nicholas, Dr. *The Life of Julius Caesar (Stories from History).* **Brighter Child, 2006.**

Echa un vistazo rápido al ascenso de Julio César al poder en esta novela gráfica. Descubre más acerca de su gobierno exitoso y, finalmente, acerca de su asesinato en manos de uno de sus amigos más cercanos. Ya sabes lo que dicen, mantén a tus amigos cerca y a tus enemigos aún más cerca.

Vennema, Peter and Diane Stanley. *Cleopatra (Time Traveling Twins).* **HarperCollins, 1997.**

Esta biografía divertida y muy bien lograda revela cómo fue la alegre y hábil gobernadora Cleopatra. Conoce acerca del amor, las guerras y el gran deseo de éxito que le dieron color a su vida.

Whiting, Jim. *The Life and Times of Nero.*
Mitchell Lane Publishers, 2007.

El emperador romano Nerón fue una de las personas más infames de la historia antigua. Descubre más acerca de su historia en profundidad a través de este relato.

Más para explorar

Nero

http://www.pbs.org/empires/romans/special/emperor_game.html

¿Tienes lo que se necesita para ser un gobernador romano de la Antigüedad? Aquí tendrás la oportunidad de jugar a ser uno de los tres emperadores romanos, incluso Nerón. ¿Tomarás algunas de las mismas decisiones que tomaron estos famosos gobernadores?

Traitors and Villains of the Ancient World

http://www.funtrivia.com/quizzes/history/ancient_history.html

Elige la *Roman History* para ponerte a prueba sobre algunos de los chicos y chicas más malos del mundo antiguo.

Rome's Greatest Enemies Gallery

http://www.bbc.co.uk/history/ancient/romans/enemiesrome_gallery.shtml

Aquí encontrarás seis de los enemigos más despiadados de Roma. Encontrarás dibujos, estadísticas y lo más destacado de las terribles hazañas de cada uno de estos chicos malos.

Agrippina the Younger

http://www.britannica.com/EBchecked/topic/9818/Julia-Agripina

Conoce más acerca de la madre de Nerón y cómo ella conspiró contra su esposo para asegurarse de que su hijo fuera gobernador. Descubre lo poderosa que realmente fue y cómo perdió el poder que obtuvo.

Acerca de la autora

Dona Herweck Rice se crió en Anaheim, California. Tiene un título en Inglés de la Universidad del sur de California y se graduó en la Universidad de California, Berkeley con una credencial para la enseñanza. Ha sido maestra de preescolar y hasta décimo grado, investigadora, bibliotecaria, directora de teatro, y actualmente es editora, poeta, escritora de materiales para maestros y escritora de libros para niños. Está casada, tiene dos hijos y vive en el sur de California, donde intenta ser "buena chica".